10792247

Il business della moda di seconda mano:
Guida al successo in Italia

ALESSANDRO MONDELLI

Questo testo ha unicamente scopi informativi e educativi.
Non è un consiglio finanziario, una sollecitazione all'investimento o
una raccomandazione ad effettuare transazioni finanziarie.

INDICE

1 INTRODUZIONE AL MERCATO ONLINE ITALIANO

Benvenuti nella guida definitiva su come guadagnare col business della moda di seconda mano in Italia!

In questo primo capitolo, esploreremo le basi delle principali piattaforme di compravendita online che si concentrano principalmente sulla vendita di abbigliamento, accessori, scarpe e articoli di moda usati.

Vinted, ad esempio, è una delle principali app di moda di seconda mano, che permette agli utenti di comprare e vendere articoli usati tra privati.

In questa guida si esploreranno i vantaggi del mercato online italiano, fornendo una panoramica completa di ciò che rendono queste app un'opportunità unica per generare entrate online.

1.1 Cos'è Vinted

Vinted, come anticipato, è una delle principali app di moda di seconda mano, che permette agli utenti di comprare e vendere articoli usati tra privati.

Su Vinted, gli utenti possono creare un profilo e pubblicare annunci per vendere i propri capi di abbigliamento e accessori che non utilizzano più.
Allo stesso modo, possono cercare e acquistare articoli di moda di seconda mano da altri venditori registrati sulla piattaforma.

La piattaforma offre agli acquirenti e ai venditori la possibilità di interagire tramite messaggi per negoziare prezzi, effettuare domande sugli articoli e concordare modalità di pagamento e spedizione.
Vinted, inoltre, offre un sistema di valutazione e feedback per i venditori, che permette agli acquirenti di lasciare recensioni sulla loro esperienza d'acquisto.

Uno dei punti di forza di Vinted è la sua comunità attiva di appassionati di moda di seconda mano, che consente agli utenti di scoprire articoli unici, fare affari e soprattutto ridurre l'impatto ambientale comprando e vendendo abbigliamento usato.

È importante notare che le caratteristiche specifiche di Vinted possono variare a seconda del paese in cui si utilizza l'app e la piattaforma.

Vinted è nato nel 2008 come un progetto chiamato "Mamiko" in Lituania. La fondatrice di Vinted è Milda Mitkute che, insieme ad alcuni amici, aveva l'obiettivo di creare una piattaforma online dove le persone potessero scambiare e vendere abiti e accessori usati tra di loro.

L'idea di Vinted è nata dalla passione di Milda per la moda sostenibile e l'ambiente. Voleva creare un modo per aiutare le persone a liberarsi dei capi di abbigliamento che non indossavano più, riducendo così l'impatto ambientale del settore della moda.

La piattaforma ha visto un crescente interesse da parte degli utenti e nel 2009 è stata ufficialmente lanciata con il nome "Vinted".

Il nome "Vinted" deriva dalla combinazione delle parole "Vintage" (vintage) e "inted" (intended), per riflettere la natura della piattaforma incentrata sugli abiti usati e destinati a un nuovo proprietario.

Negli anni successivi, Vinted ha registrato una rapida crescita e si è espanso in vari paesi europei, tra cui Francia, Germania, Spagna, Regno Unito e Italia. La piattaforma ha continuato a migliorarsi e aggiornare le sue funzionalità per rendere l'esperienza di acquisto e vendita più facile e conveniente per gli utenti.

Nel corso degli anni, Vinted ha attirato l'attenzione degli investitori e ha ricevuto diversi finanziamenti che hanno contribuito a sostenere ulteriormente la sua espansione e sviluppo. La piattaforma ha anche acquisito altre aziende, rafforzando così la sua presenza in vari mercati.

Con il passare del tempo, Vinted si è consolidata come una delle principali piattaforme di moda di seconda mano in Europa, con una comunità attiva di utenti appassionati di moda sostenibile e di qualità.

La missione di Vinted di promuovere una moda più sostenibile e di rendere accessibile la compravendita di abbigliamento usato è rimasta una parte fondamentale della sua identità e ha continuato a guidare il suo sviluppo nel corso degli anni.

1.2 Vantaggi e Opportunità

Utilizzare Vinted per vendere e acquistare prodotti usati in Italia offre una serie di vantaggi sia per i venditori che per gli acquirenti. Ecco alcuni dei principali vantaggi:

Venditori:

1. **Ampia Audience:** Vinted ha una vasta base di utenti in Italia e in tutta Europa, offrendo ai venditori un'ampia audience per raggiungere potenziali acquirenti interessati ai loro articoli.
2. **Facilità di Utilizzo:** La piattaforma Vinted è intuitiva e facile da usare, consentendo ai venditori di creare annunci dettagliati in pochi passaggi.
3. **Costi Bassi:** Vinted offre una modalità di vendita a basso costo, con commissioni relativamente basse rispetto ad altre piattaforme o metodi di vendita tradizionali.
4. **Rapida Vendita:** Gli articoli possono essere venduti rapidamente, consentendo ai venditori di liberarsi degli oggetti non desiderati in modo efficace.
5. **Feedback e Recensioni:** I venditori possono accumulare feedback positivi e recensioni da parte degli acquirenti, costruendo una reputazione affidabile nel tempo.

6. **Ambiente Sostenibile:** Contribuire alla moda di seconda mano promuove uno stile di vita sostenibile, riducendo l'impatto ambientale dell'industria della moda.

Acquirenti:
1. **Ampia Selezione:** Gli acquirenti hanno accesso a una vasta gamma di abbigliamento, accessori e scarpe usate provenienti da diverse marche e stili.
2. **Prezzi Convenienti:** Gli articoli usati su Vinted sono spesso più convenienti rispetto agli acquisti al dettaglio, consentendo agli acquirenti di risparmiare denaro.
3. **Articoli Unici:** Vinted offre la possibilità di trovare articoli unici, vintage o rari che potrebbero non essere disponibili altrove.
4. **Trattative e Negoziati:** Gli acquirenti possono negoziare prezzi e condizioni direttamente con i venditori, ottenendo potenziali sconti.
5. **Comunità Attiva:** Gli acquirenti possono connettersi con una comunità attiva di appassionati di moda di seconda mano e scambiare consigli e suggerimenti.
6. **Sostenibilità:** Acquistare articoli usati contribuisce a promuovere uno stile di vita sostenibile e a ridurre la domanda di nuovi prodotti, riducendo così l'impatto ambientale.

In generale, Vinted offre un ambiente conveniente e accessibile per vendere e acquistare prodotti usati in Italia, beneficiando sia i venditori che gli acquirenti attraverso una piattaforma facile da usare e una community dedicata alla moda sostenibile.

L'abbigliamento usato sta guadagnando sempre più popolarità in Italia, grazie a una combinazione di fattori economici, ambientali e culturali.

L'interesse dei consumatori verso l'abbigliamento di seconda mano è in costante crescita e ciò ha reso il mercato delle vendite di abbigliamento usato un settore in crescita nel paese.

Ecco un'analisi più dettagliata del mercato e dell'interesse dei consumatori in Italia:

Crescita del Mercato dell'Abbigliamento Usato:

- La consapevolezza ambientale è in aumento: Sempre più consumatori sono preoccupati per l'impatto ambientale dell'industria della moda e cercano alternative sostenibili, come l'abbigliamento usato.

- Cambiamenti culturali: La moda di seconda mano sta diventando una scelta alla moda, sostenuta da influencer e celebrità che promuovono lo stile di vita sostenibile.

- Ricerca di affari: In un contesto economico incerto, molti consumatori cercano modi per risparmiare denaro, rendendo l'acquisto di abbigliamento usato un'opzione attraente.

Piattaforme Online e App di Seconda Mano:

- L'ascesa di piattaforme come Vinted, Depop e altre ha reso più facile per i consumatori acquistare e vendere abbigliamento usato online.

- Le app di seconda mano offrono comodità, una vasta selezione di prodotti e la possibilità di interagire con una comunità di appassionati di moda di seconda mano.

Tendenze Chiave e Interesse dei Consumatori:

- Abbigliamento Sostenibile: I consumatori cercano opzioni di moda sostenibile per ridurre il proprio impatto ambientale.
- Originalità: Gli acquirenti sono attratti dall'idea di trovare capi unici e originali che riflettono il loro stile personale.
- Risparmio: L'abbigliamento usato offre l'opportunità di ottenere articoli di qualità a prezzi più bassi rispetto ai nuovi.
- Rimodellamento e Riuso: I consumatori considerano l'abbigliamento usato come una forma di espressione creativa, adattando i capi alle proprie preferenze.
- Comunità e Condivisione: La partecipazione a piattaforme di moda di seconda mano consente ai consumatori di connettersi con altri appassionati e scambiare consigli e suggerimenti.

Sfide Potenziali:

- Qualità e Condizioni: Gli acquirenti possono essere preoccupati per la qualità e le condizioni degli articoli usati.
- Concorrenza: Il crescente interesse per l'abbigliamento usato ha portato a un aumento della concorrenza tra venditori.

1.3 Come Funziona Vinted

Ecco una guida passo-passo per creare un account su Vinted:

1. **Accesso al Sito Web o All'App:** Puoi accedere al sito web di Vinted (www.vinted.it) o scaricare l'app Vinted dal tuo negozio di app (App Store per dispositivi Apple o Google Play Store per dispositivi Android).
2. **Registrazione:** Una volta sul sito web o nell'app, fai clic sull'opzione "Registrati" o "Crea un account" per iniziare il processo di registrazione.
3. **Indirizzo E-Mail:** Inserisci il tuo indirizzo e-mail valido. Assicurati di utilizzare un indirizzo e-mail a cui hai accesso, poiché Vinted invierà conferme e comunicazioni tramite e-mail.
4. **Crea una Password:** Scegli una password sicura per il tuo account Vinted. Assicurati di utilizzare una combinazione di lettere maiuscole, minuscole, numeri e caratteri speciali per aumentare la sicurezza.
5. **Verifica E-Mail:** Vinted invierà un messaggio di verifica all'indirizzo e-mail che hai fornito. Apri la tua casella di posta elettronica e clicca sul link di verifica per attivare il tuo account.
6. **Completa il Profilo:** Una volta verificato l'account, accedi a Vinted con le tue credenziali e completa il tuo profilo. Includi informazioni come nome, foto del profilo e una breve descrizione di te stesso.

7. **Inizia a Vendere o Acquistare:** Ora sei pronto per iniziare a vendere o acquistare su Vinted. Puoi pubblicare annunci per i tuoi articoli in vendita, cercare articoli da acquistare e interagire con altri utenti della piattaforma.
8. **Aggiungi Metodi di Pagamento e Spedizione (opzionale):** Se desideri vendere articoli su Vinted, puoi aggiungere metodi di pagamento e informazioni sulla spedizione nel tuo profilo. Questo è un passaggio opzionale ma utile per facilitare il processo di vendita.
9. **Interagisci con la Comunità:** Vinted ha una comunità attiva di utenti. Partecipa alle discussioni, condividi consigli e scambia esperienze con altri appassionati di moda di seconda mano.
10. **Ricevi e Lascia Feedback:** Dopo aver completato transazioni, puoi lasciare feedback per gli acquirenti e ricevere feedback da venditori. Questo aiuterà a costruire la tua reputazione sulla piattaforma.

Ricorda che i dettagli specifici e i passaggi potrebbero variare leggermente a seconda delle modifiche apportate dall'app o dalla piattaforma nel tempo. Assicurati di seguire attentamente le istruzioni fornite da Vinted durante il processo di registrazione.

Di seguito si stenderà una panoramica delle funzionalità chiave di Vinted, inclusi i metodi di pagamento, le modalità di spedizione e le opzioni di comunicazione.

Le funzionalità chiave di Vinted includono la possibilità di pubblicare annunci dettagliati per vendere articoli, organizzati in categorie e tag.

Per quanto riguarda i metodi di pagamento, è possibile collegare carte di credito/debito, utilizzare PayPal (in alcune regioni) o depositare denaro nel portafoglio Vinted.

Le modalità di spedizione includono opzioni standard e tracciabili, con tariffe variabili a seconda della destinazione. I venditori possono scegliere di offrire la spedizione gratuita o a carico dell'acquirente.

Per la comunicazione, come detto, gli utenti possono scambiarsi messaggi diretti per discutere dettagli o fare domande sugli annunci. Possono anche partecipare alle discussioni della comunità per condividere esperienze e consigli.

Tutto ciò contribuisce a creare un ambiente di scambio di abbigliamento usato in modo sicuro e interattivo.

Ricorda che alcune funzionalità potrebbero variare in base alla tua posizione geografica e alle versioni più recenti dell'app o della piattaforma.

1.4 Norme e Linee Guida di Vinted

Vinted ha implementato una serie di regole e politiche volte a garantire una vendita sicura, leale e trasparente sulla piattaforma. Queste regole sono progettate per creare un ambiente affidabile per gli acquirenti e i venditori, promuovendo la fiducia e la buona condotta. Ecco una spiegazione delle principali regole e politiche di Vinted:

1. **Articoli Vietati:** Vinted ha una lista di articoli vietati che non possono essere venduti sulla piattaforma. Questi includono articoli contraffatti, illegali, pericolosi o non conformi alle leggi locali.

2. **Descrizioni Accurate:** I venditori sono tenuti a fornire descrizioni accurate e dettagliate degli articoli in vendita, comprese informazioni sulle dimensioni, le condizioni e altre caratteristiche rilevanti.

3. **Foto Autentiche:** Le foto degli articoli devono essere autentiche e rappresentare esattamente l'articolo in vendita. Non è consentito utilizzare immagini prese da Internet o da altre fonti.

4. **Divieto di Copie:** Non è consentito vendere articoli contraffatti o copie non autorizzate di prodotti di marca.

5. **Comunicazione Rispettosa:** Gli utenti sono tenuti a comunicare in modo rispettoso e cortese durante le interazioni sulla piattaforma.

6. **Politiche di Rimborso e Reso:** Vinted ha regole chiare per i rimborsi e i resi. Gli acquirenti possono richiedere un rimborso o un reso entro un determinato periodo di tempo se l'articolo non corrisponde alla descrizione o ha problemi.

7. **Tracciabilità della Spedizione:** I venditori

sono incoraggiati a utilizzare metodi di spedizione tracciabili per fornire prove di consegna agli acquirenti.

8. **Feedback e Recensioni:** Gli acquirenti e i venditori possono lasciare feedback e recensioni l'uno per l'altro dopo ogni transazione. Questo aiuta a costruire reputazione e fiducia sulla piattaforma.

9. **Zero Tolleranza per il Plagio:** Non è consentito copiare descrizioni, foto o altre informazioni da altri venditori o fonti.

10. **Cancellazione di Annunci Ingannevoli:** Vinted si riserva il diritto di rimuovere annunci ingannevoli o non conformi alle politiche della piattaforma.

11. **Divieto di Acquisto da se stessi:** Non è consentito agli utenti acquistare i propri articoli per aumentarne il prezzo o le visualizzazioni.

12. **Rispetto delle Leggi Locali:** Gli utenti sono tenuti a rispettare tutte le leggi locali e le regolamentazioni relative alle vendite e agli articoli offerti sulla piattaforma.

Rispettare queste regole e politiche è fondamentale per garantire una vendita sicura e leale su Vinted. Violare le regole potrebbe comportare sanzioni, inclusa la sospensione o la chiusura dell'account.

1.5 Profilo Venditore di Successo

Costruire un profilo venditore accattivante e affidabile su Vinted è fondamentale per attirare acquirenti e costruire una reputazione positiva sulla piattaforma. Ecco alcune strategie per creare un profilo venditore di successo:

1. **Fornisci Descrizioni Dettagliate:** Scrivi descrizioni accurate e dettagliate per ciascun articolo che vendi. Includi informazioni sulle dimensioni, le condizioni, il marchio e qualsiasi altra caratteristica rilevante. Più dettagli fornisci, più gli acquirenti saranno informati e fiduciosi nell'acquisto.

2. **Foto di Alta Qualità:** Utilizza immagini chiare e di alta qualità per mostrare gli articoli. Le foto dovrebbero rappresentare fedelmente l'aspetto degli articoli e mostrarne eventuali dettagli o difetti.

3. **Prezzi Competitivi:** Imposta prezzi equi e competitivi in base al valore e alle condizioni degli articoli. Fare ricerca su altri annunci simili può aiutarti a stabilire prezzi appropriati.

4. **Offri Spedizione Tracciabile:** Gli acquirenti apprezzano la spedizione tracciabile, poiché offre maggiore sicurezza e prova di consegna. Offri opzioni di spedizione tracciabile e spiega chiaramente i tempi di consegna stimati.

5. **Rispondi Tempestivamente:** Rispondi rapidamente alle domande degli acquirenti e ai messaggi. La comunicazione tempestiva dimostra la tua professionalità e disponibilità.

6. **Feedback Positivo:** Cerca di accumulare

feedback positivo. Offri un ottimo servizio, mantieni le promesse e risolvi eventuali problemi in modo collaborativo.

7. **Politiche di Rimborso e Reso Chiare:** Stabilisci politiche chiare per i rimborsi e i resi. Comunica agli acquirenti come gestire eventuali problemi e come richiedere un rimborso o un reso, se necessario.

8. **Curanza dell'Imballaggio:** Imballa gli articoli in modo sicuro e accurato per evitare danni durante la spedizione. Un imballaggio adeguato mostra la tua attenzione ai dettagli.

9. **Fornisci Dettagli sulla Tua Storia:** Considera l'idea di condividere brevemente la tua storia e la tua passione per la moda di seconda mano nel tuo profilo. Questo può aggiungere un tocco personale e umano alla tua esperienza di vendita.

10. **Mantieni la Tua Promessa:** Onora gli accordi presi con gli acquirenti. Rispetta i tempi di spedizione, fornisci gli articoli come descritto e comunica eventuali ritardi o problemi.

11. **Interagisci con la Comunità:** Partecipa alle discussioni e alle attività della comunità su Vinted. Questo può aiutarti a connetterti con altri utenti e a costruire relazioni positive.

12. **Aggiorna il Profilo Regolarmente:** Mantieni il tuo profilo aggiornato con nuovi annunci e informazioni pertinenti. Un profilo attivo mostra che sei impegnato e affidabile.

Costruire un profilo venditore accattivante

e affidabile richiede impegno e attenzione ai dettagli. Offri un'esperienza di acquisto positiva, dimostra la tua professionalità e guadagnerai la fiducia degli acquirenti sulla piattaforma.

Ecco alcuni consigli su come scrivere descrizioni efficaci, scattare foto di qualità e impostare prezzi competitivi per i tuoi annunci su Vinted:

Descrizioni Efficaci:

Quando scrivi le descrizioni degli articoli, concentrati sui dettagli che interessano agli acquirenti: marca, taglia, condizioni, materiali e eventuali caratteristiche uniche. Descrivi come l'articolo può essere utilizzato o abbinato, creando un'immagine chiara nella mente dell'acquirente. Utilizza un linguaggio vivace ma accurato, evitando termini ambigui o generici.

Fotografie di Qualità:

Scatta foto ben illuminate e chiare degli articoli. Utilizza una luce naturale diffusa e un background pulito. Include immagini da diverse angolazioni per mostrare i dettagli, come cuciture o texture. Se possibile, mostra l'articolo indossato per aiutare gli acquirenti a immaginare come si adatta al corpo. Evita l'uso eccessivo di filtri o modifiche che possano alterare i colori o l'aspetto reale dell'articolo. Per essere più professionali potrebbe essere vantaggioso investire nell'acquisto di box fotografici (lightbox), piccole "scatole" bianche illuminate che faranno da set fotografico per gli articoli.

Prezzi Competitivi:

Ricerca il mercato per articoli simili e prendi nota dei prezzi di vendita. Considera le condizioni, la marca e la domanda dell'articolo quando stabilisci il prezzo. Imposta un prezzo equo che rifletta il valore dell'articolo e che attiri gli acquirenti. Puoi anche considerare l'offerta di sconti periodici o promozioni per incentivare l'acquisto.

Ricorda che una buona descrizione, fotografie di alta qualità e prezzi competitivi aiutano a creare annunci attraenti e convincenti, aumentando le probabilità di successo delle tue vendite su Vinted.

1.6 Panoramica del Mercato Italiano di Vinted

Adattare la propria strategia di vendita per soddisfare la domanda del mercato italiano richiede una comprensione approfondita delle preferenze e delle tendenze dei consumatori italiani. Ecco alcune considerazioni da tenere in mente.

Innanzitutto, studia i marchi e gli stili di moda popolari in Italia. Questo ti aiuterà a selezionare articoli che sono in linea con le preferenze locali.

Focalizzati sulla qualità degli articoli che vendi. Gli italiani tendono ad apprezzare la qualità e sono disposti a pagare di più per articoli ben fatti e in buone condizioni.

Considera l'importanza delle marche. In Italia, ci sono marchi di moda italiani che godono di grande prestigio. Avere articoli di questi marchi nel tuo negozio potrebbe attrarre maggiori acquirenti.

Sii sensibile alle stagioni e alle tendenze. Ad esempio, durante l'estate potresti concentrarti su abbigliamento leggero e da mare, mentre in inverno su capi caldi e confortevoli.

Comunica in modo efficace. Scrivi le descrizioni degli articoli in italiano accurato e ben formulato. Questo dimostra rispetto per la lingua e per i potenziali acquirenti.

Sii attivo nella comunità italiana di Vinted. Partecipa alle discussioni e interagisci con altri venditori e acquirenti italiani. Questo ti aiuterà a comprendere meglio le esigenze locali.

Monitora attentamente le tendenze e le richieste dei consumatori. Adatta il tuo assortimento di articoli in base a ciò che è attualmente richiesto e popolare sul mercato italiano.

Adattare la tua strategia di vendita al mercato italiano richiede ricerca, flessibilità e la capacità di ascoltare le esigenze dei consumatori locali. Mantieniti aggiornato sulle tendenze e le preferenze dei consumatori per ottimizzare le tue vendite sulla piattaforma.

2 CREARE UN PROFILO DI SUCCESSO

Il successo su Vinted inizia con la creazione di un profilo venditore attraente e la capacità di ottimizzare le vendite. In questo capitolo, esploreremo le strategie chiave per costruire un profilo di successo e massimizzare le possibilità di vendita.

Un'immagine del profilo accattivante e una descrizione affidabile sono elementi cruciali per il successo come venditore.

La foto del profilo rappresenta la tua identità e professionalità, catturando l'attenzione degli acquirenti e stimolando la fiducia. Non pubblicare il primo *selfie* che trovi in galleria, ma cerca o scatta una foto che trasmetta sicurezza in chi si imbatte nel tuo negozio online.

Una descrizione ben redatta, focalizzata sulla tua affidabilità e sulle esperienze positive passate, comunica trasparenza e serietà.

Questi aspetti insieme costruiscono una prima impressione positiva, fondamentale per instaurare relazioni di fiducia e per attirare potenziali acquirenti.

Una presentazione accurata e autentica del tuo profilo può fare la differenza nell'incoraggiare gli utenti a fare affari con te e a sentirsi sicuri nell'acquistare i tuoi articoli.

Creare un nome utente e un logo memorabili per il tuo negozio Vinted richiede creatività e considerazione.

Per il nome utente, cerca di usarne uno che rifletta la tua personalità o il tuo stile di vendita. Puoi combinare il tuo nome o un termine legato alla moda con un tocco unico.

Per il logo, opta per un'immagine semplice e riconoscibile che rappresenti il tuo marchio. È possibile commissionare un logo a professionisti del settore per pochi euro ad esempio su Fiverr.
Utilizza colori accattivanti e un design che si adatti ai tuoi articoli e al tuo pubblico.

Sia il nome utente che il logo dovrebbero essere distintivi e facili da ricordare, aiutandoti a costruire un'identità forte per il tuo negozio su Vinted.

2.1 Costruire una Vetrina Invitante

Costruire una vetrina invitante su Vinted è fondamentale per catturare l'attenzione degli acquirenti e stimolarne l'interesse.

Ecco alcuni suggerimenti su come organizzare i tuoi prodotti in una vetrina attraente e ben strutturata:

1. **Selezione Attenta:** Scegli una varietà di articoli di alta qualità e in buone condizioni da mostrare nella tua vetrina. Opta per pezzi

distintivi, popolari o di tendenza che attirino l'attenzione.

2. **Immagine di Copertina:** Seleziona un articolo di punta come immagine di copertina della tua vetrina. Assicurati che sia ben fotografato come spiegato prima e rappresentativo del tuo stile di vendita.

3. **Categorie Chiare:** Organizza i tuoi articoli in categorie chiare e riconoscibili, come "Abiti", "Giacche", "Accessori", ecc. Questo semplifica la navigazione per gli acquirenti.

4. **Ordine e Coerenza:** Mantieni coerenza nell'aspetto delle tue foto. Utilizza lo stesso stile di fotografia, background e illuminazione per creare un look uniforme.

5. **Descrizioni Coinvolgenti:** Accompagna ciascun articolo con descrizioni coinvolgenti. Evidenzia le caratteristiche, lo stile e le condizioni dell'articolo in modo accattivante.

6. **Prezzi Visibili:** Mostra chiaramente i prezzi di ciascun articolo. Se stai offrendo sconti o promozioni speciali, evidenziali nella descrizione.

7. **Offerte Speciali:** Considera l'opportunità di creare offerte speciali o pacchetti promozionali per incentivare gli acquirenti a fare acquisti multipli.

8. **Foto Extra:** Includi foto extra per mostrare i dettagli, le etichette e le caratteristiche uniche degli articoli. Gli acquirenti apprezzano la chiarezza.

9. **Frequente Aggiornamento:** Mantieni la tua

vetrina aggiornata con nuovi articoli e rimuovi quelli venduti. Un assortimento fresco mantiene l'interesse degli acquirenti.

10. **Comunicazione Visiva:** Utilizza emoticon, parole chiave o testo visivo per evidenziare offerte speciali, vendite o messaggi importanti sulla tua vetrina.

Una vetrina ben organizzata e invitante ti aiuta a presentare i tuoi articoli in modo professionale e attraente. Investi tempo nella creazione e nell'aggiornamento della tua vetrina per massimizzare il tuo impatto e attirare acquirenti interessati.

Quando si tratta di massimizzare la visibilità dei tuoi prodotti su Vinted senza l'uso di elenchi eccessivamente lunghi, le strategie di categorizzazione ed etichettatura giocano un ruolo cruciale. In questo capitolo, esploreremo metodi avanzati per utilizzare categorie ed etichette in modo strategico al fine di catturare l'attenzione dei potenziali acquirenti e guidarli verso la tua vetrina.

Le etichette di tendenza e le parole chiave possono essere potenti alleati nel far emergere i tuoi prodotti. Identifica le tendenze di moda attuali e le parole chiave più ricercate dai consumatori italiani. Utilizza queste informazioni per etichettare i tuoi articoli in modo che siano facilmente scopribili da chi cerca articoli specifici. Ad esempio, se il denim è una tendenza, etichetta i tuoi jeans con parole come "denim trendy" o "jeans alla moda".

Considera come gli acquirenti potrebbero cercare articoli basati sullo stile o sull'uso. Utilizza etichette che riflettano lo stile dei tuoi prodotti, come "casual", "elegante", "boho" o "sportivo". Includi anche etichette che indicano l'uso dell'articolo, come "per l'ufficio", "per l'estate" o "per il fitness". Questo aiuterà gli acquirenti a trovare facilmente ciò che stanno cercando.

Se hai articoli di marca o di designer nel tuo negozio, utilizza le etichette per sottolineare la loro autenticità. Includi il nome del marchio o del designer come etichetta per ciascun articolo rilevante. Questo attirerà l'attenzione degli acquirenti che cercano specificamente prodotti di marca o di alta qualità.

Le etichette di colore e taglia sono fondamentali per aiutare gli acquirenti a filtrare rapidamente gli articoli. Assicurati di etichettare ogni articolo con il colore esatto e le dimensioni disponibili. Questo facilita la ricerca degli acquirenti che cercano specifiche combinazioni di colore e taglia.

Cattura l'attenzione degli acquirenti in base alle occasioni e alle stagioni. Utilizza etichette come "Natale", "San Valentino", "Vacanze estive" o "Inverno" per evidenziare articoli adatti a eventi o periodi specifici. Questo aiuterà a suscitare interesse tra gli acquirenti che cercano articoli correlati a occasioni specifiche.

Infine, sfrutta le etichette personalizzate per creare un'identità di vendita unica per il tuo negozio. Crea etichette che riflettano il tuo stile, la tua filosofia di vendita o i valori del tuo marchio. Questo può distinguerti dagli altri venditori e creare un collegamento emotivo con gli acquirenti.

Concludendo, utilizzare categorie ed etichette in

modo strategico è un potente strumento per migliorare la visibilità dei tuoi prodotti senza appesantire la tua vetrina con lunghe liste. Scegli etichette pertinenti e utilizza categorie ben definite per guidare gli acquirenti verso i prodotti che cercano, creando un'esperienza di shopping fluida e soddisfacente.

2.2 Gestione dell'Inventario

Un aspetto cruciale per il successo nella vendita su Vinted è mantenere un inventario ben curato e aggiornato. Una gestione accurata degli articoli e delle quantità disponibili è fondamentale per fornire un'esperienza di shopping positiva agli acquirenti e per massimizzare le tue opportunità di vendita. Ecco qui di seguito alcuni consigli per gestire con successo il tuo inventario.

Tieni traccia delle quantità disponibili per ciascun articolo nel tuo negozio. Quando un articolo viene venduto, aggiorna immediatamente il numero rimanente. Questo evita situazioni in cui potresti vendere un articolo che non è più disponibile.

Dopo ogni vendita, assicurati di rimuovere prontamente l'articolo dalla tua vetrina. Gli acquirenti possono sentirsi frustrati se trovano un articolo che desiderano solo per scoprire che è già stato venduto. Mantieni la tua vetrina accurata e aggiornata.

Considera l'opzione di utilizzare etichette di stato come "Venduto" o "Non Disponibile" per evidenziare gli articoli che sono già stati venduti.

Questo aiuterà gli acquirenti a identificare rapidamente quali articoli sono ancora disponibili per l'acquisto.

Se hai l'intenzione di continuare a vendere articoli simili, pianifica *restocking* periodici. Mantieni un occhio attento sugli articoli più venduti e assicurati di avere un'adeguata quantità di scorta per soddisfare la domanda.

Per gli articoli stagionali, come abbigliamento invernale o costumi da bagno estivi, pianifica la tua vetrina in base alle stagioni. Rimuovi gli articoli fuori stagione per fare spazio a quelli attuali.

Se un acquirente fa domande su un articolo specifico, assicurati di rispondere prontamente. Se l'articolo è già stato venduto, comunicalo in modo cortese e suggerisci alternative simili.

Osserva quali articoli si vendono rapidamente e quali richiedono più tempo. Utilizza queste informazioni per regolare il tuo inventario e concentrarti su ciò che attira maggiormente gli acquirenti.

In conclusione, una gestione attenta dell'inventario è essenziale per garantire che la tua vetrina su Vinted sia sempre aggiornata e accattivante. Tenere traccia delle quantità disponibili, rimuovere rapidamente gli articoli venduti e rispondere alle esigenze degli acquirenti contribuisce a costruire una reputazione affidabile e a massimizzare il tuo potenziale di guadagno.

2.3 Prezzi Strategici e Offerte Speciali

Impostare i prezzi in modo strategico è fondamentale per attrarre gli acquirenti e massimizzare le vendite. In questo capitolo, esploreremo metodi efficaci per stabilire prezzi competitivi e come utilizzare sconti, bundle e offerte speciali per stimolare l'interesse degli acquirenti.

Come detto, è importante impostare prezzi competitivi. Di seguito si elencheranno le valutazioni e le strategie da utilizzare:

1. **Analisi di Mercato:** Ricerca articoli simili su Vinted per ottenere una panoramica dei prezzi praticati. Considera la marca, la condizione, la rarità e la domanda dell'articolo nel determinare il prezzo giusto.

2. **Prezzo Giusto:** Evita prezzi troppo alti o troppo bassi. Trova un equilibrio che rifletta il valore dell'articolo e attragga gli acquirenti. <u>Tieni conto anche delle tue spese e del margine di guadagno desiderato.</u>

3. **Strategia di Prezzo:** Considera se preferisci prezzi fissi o negoziabili. Alcuni acquirenti potrebbero apprezzare la possibilità di fare offerte, mentre altri preferiscono prezzi chiari.

Utilizzare Sconti e Offerte Speciali: Incoraggiare l'Acquisto

1. **Sconti Temporanei:** Offri sconti temporanei su articoli selezionati per attirare l'attenzione degli acquirenti. Puoi sottolineare offerte speciali come "Sconto del 20% per una settimana".

2. **Bundle e Pacchetti:** Crea bundle di articoli

correlati e offri un prezzo ridotto per l'acquisto del pacchetto completo. Questo può incoraggiare gli acquirenti a comprare più articoli in un'unica transazione.

3. **Offerte a Scadenza:** Utilizza offerte a tempo limitato, come "Offerta valida solo per 48 ore", per creare un senso di urgenza e spingere gli acquirenti a prendere decisioni rapide.

4. **Programmi di Fedeltà:** Considera l'opzione di offrire sconti o offerte speciali ai clienti che acquistano frequentemente dal tuo negozio. Questo può incentivare la fedeltà dei clienti.

5. **Eventi Promozionali:** Organizza eventi di vendita stagionali o tematici, come "Saldi Estivi" o "Collezione Autunnale", per attirare l'attenzione degli acquirenti durante periodi specifici.

6. **Comunicazione Chiara:** Assicurati che le offerte siano comunicate chiaramente nelle descrizioni degli articoli e nella tua vetrina. Spiega i dettagli dell'offerta e le condizioni di validità.

Concludendo, stabilire prezzi strategici e offrire offerte speciali è una tattica potente per aumentare le vendite e stimolare l'interesse degli acquirenti. Trova un equilibrio tra prezzi competitivi e offerte accattivanti per creare un'esperienza di shopping irresistibile per i clienti e per ottimizzare il tuo successo su Vinted.

2.4 Comunicazione Efficace con gli Acquirenti

La tua capacità di interagire in modo rapido, chiaro ed empatico può fare la differenza tra una vendita di successo e un'opportunità persa. Si esplorerà ora l'importanza di rispondere tempestivamente alle domande e alle richieste degli acquirenti e come gestire le trattative e le offerte per massimizzare le possibilità di vendita.

Quando un acquirente mostra interesse per uno dei tuoi articoli o invia una domanda, rispondere tempestivamente è fondamentale. Gli acquirenti apprezzano la prontezza nella comunicazione, poiché dimostra professionalità e interesse per la loro esperienza di shopping. Rispondere rapidamente alle domande può anche aiutare a dissipare eventuali dubbi e aumentare la fiducia degli acquirenti nel fare acquisti dal tuo negozio.

Le trattative possono essere parte integrante della vendita su Vinted. Quando un acquirente fa un'offerta o desidera negoziare il prezzo, è importante affrontare la situazione con sensibilità. Valuta l'offerta in modo oggettivo e considera se è possibile raggiungere un accordo che sia vantaggioso sia per te che per l'acquirente. Se decidi di respingere un'offerta, fallo in modo cortese e aperto, spiegando le ragioni in modo chiaro.

La comunicazione con gli acquirenti può anche coinvolgere la ricerca di soluzioni alternative. Se un acquirente è interessato a un articolo ma è insicuro, puoi offrire dettagli aggiuntivi o fornire ulteriori foto per aiutarli a prendere una decisione informata. Se l'acquirente è indeciso, potresti suggerire articoli simili che potrebbero essere di loro interesse.

La comunicazione con gli acquirenti dovrebbe essere sempre cortese e professionale. Utilizza un tono amichevole e rispettoso nelle tue risposte, anche nelle situazioni più complesse. Se si verificano eventuali problemi o malintesi, affrontali in modo calmo e costruttivo, cercando di trovare una soluzione soddisfacente per entrambe le parti.

La comunicazione efficace con gli acquirenti è un elemento cruciale nel mondo delle vendite su Vinted. Rispondere tempestivamente, gestire trattative con sensibilità e offrire soluzioni personalizzate possono contribuire a costruire una reputazione affidabile e a massimizzare le possibilità di vendita. Mantieni sempre un approccio cortese e professionale nella tua comunicazione, creando un'esperienza di shopping positiva che porterà a risultati di successo nel tuo negozio su Vinted.

2.5 Feedback e Recensioni

Nel mondo dinamico delle vendite su Vinted, il feedback e le recensioni giocano un ruolo fondamentale nel plasmare la tua reputazione come venditore affidabile e professionale. È indispensabile, quindi, capire come gestire i feedback degli acquirenti in modo efficace e come utilizzarli per migliorare la tua reputazione. Discuteremo anche strategie per incoraggiare i clienti soddisfatti a lasciare recensioni positive, contribuendo così a creare un ambiente coinvolgente e prospero nel tuo negozio.

I feedback degli acquirenti rappresentano preziose opportunità di apprendimento e crescita. Accetta sia i feedback positivi che quelli critici con maturità e apertura. Leggi attentamente ogni feedback, riflettendo su cosa ha funzionato bene e su eventuali aree in cui è possibile migliorare. Rispondi ai feedback in modo cortese, ringraziando gli acquirenti per il loro contributo e mostrando il tuo impegno per garantire esperienze positive.

I feedback possono essere un prezioso strumento di miglioramento. Analizza i commenti dei clienti e cerca modi per affinare la tua offerta. Prendi in considerazione suggerimenti per migliorare la qualità dei prodotti, i tempi di spedizione, la comunicazione o qualsiasi altro aspetto menzionato dai clienti. Dimostrare di ascoltare e adattarsi ai feedback contribuirà a rafforzare la tua reputazione.

Le recensioni positive sono un pilastro della tua reputazione su Vinted. Ecco alcune strategie per incoraggiare i clienti soddisfatti a lasciare recensioni positive:

1. **Chiedi Gentilmente:** Dopo una transazione positiva, invia un messaggio di ringraziamento all'acquirente e chiedi gentilmente se sarebbero disposti a lasciare una recensione.

2. **Fornisci Istruzioni Chiare:** Semplifica il processo per i clienti. Spiega loro come lasciare una recensione sulla piattaforma in modo che sia un processo agevole.

3. **Crea un'Esperienza Memorabile:** Offri un servizio eccezionale che superi le aspettative

degli acquirenti. Gli acquirenti soddisfatti saranno più propensi a condividere la loro esperienza positiva.

4. **Includi una Nota di Ringraziamento:** Quando invii un articolo, include una nota di ringraziamento che esprime la tua gratitudine e chiede gentilmente una recensione.

I feedback e le recensioni giocano un ruolo essenziale nel definire la tua reputazione su Vinted. Accogli i feedback con apertura, utilizzali per migliorare e impegnati nell'incoraggiare recensioni positive da parte dei clienti soddisfatti. La gestione responsabile dei feedback e la costruzione di una reputazione solida contribuiranno a garantire il successo e la crescita continuativa del tuo negozio su Vinted.

2.6 Affidabilità e Onestà

Essere un venditore affidabile e onesto è una pietra angolare per il successo duraturo nella vendita su Vinted.

La fiducia è una valuta preziosa nelle interazioni commerciali online, e guadagnarla è essenziale per costruire una clientela fedele e ottenere recensioni positive. In questo capitolo, esploreremo l'importanza di instaurare la fiducia degli acquirenti attraverso l'affidabilità e l'onestà. Discuteremo inoltre come evitare situazioni problematiche e controversie con gli acquirenti, garantendo così un'esperienza di shopping positiva per entrambe le parti.

L'Importanza dell'affidabilità e dell'onestà:

1. **Fiducia e Fedeltà:** Gli acquirenti desiderano fare acquisti da venditori che dimostrano coerenza e onestà nelle transazioni. Essere affidabile nel rispettare gli accordi e fornire descrizioni accurate degli articoli contribuirà a costruire la fiducia dei clienti nel tuo negozio.

2. **Recensioni Positive:** La reputazione di un venditore su Vinted <u>si basa in gran parte</u> sulle recensioni degli acquirenti. Recensioni positive derivano da esperienze positive e da venditori che dimostrano integrità e impegno nell'affrontare ogni transazione.

3. **Ritorno degli Acquirenti:** Un venditore affidabile e onesto è più propenso a vedere ritornare acquirenti soddisfatti che scelgono di fare acquisti nel tuo negozio più volte. La fiducia costruita nel tempo può portare a relazioni di lunga durata con i clienti.

Evitare Situazioni Problematiche e Controversie:

1. **Descrizioni Dettagliate:** Fornisci descrizioni accurate e dettagliate degli articoli, comprese eventuali imperfezioni o difetti. Questo ridurrà il rischio di acquirenti insoddisfatti che ricevono un articolo diverso da quanto atteso.

2. **Foto Chiare:** Assicurati che le foto degli articoli siano nitide e rappresentino fedelmente lo stato del prodotto. Evita ritocchi e fornisci immagini oneste.

3. **Trattativa Chiara:** Comunica in modo chiaro e diretto con gli acquirenti su dettagli come prezzo, spedizione e tempi di consegna. Evita

      ambiguità che potrebbero portare a malintesi.

4. **Soluzioni Amichevoli:** In caso di problemi o insoddisfazione da parte dell'acquirente, cerca soluzioni amichevoli e costruttive. Sii aperto a discutere resi, rimborsi o sostituzioni, se necessario.

5. **Spedizione Puntuale:** Rispetta gli accordi di spedizione e consegna. Fornisci informazioni di tracciamento quando disponibili e segui le politiche di Vinted per la spedizione.

Essere un venditore affidabile e onesto è essenziale per costruire la fiducia degli acquirenti e garantire esperienze di shopping positive.

Rispettare gli accordi, fornire informazioni accurate e affrontare eventuali problemi in modo professionale e rispettoso contribuiranno a creare una reputazione solida e a coltivare relazioni durature con i clienti su Vinted.

La fiducia guadagnata è un investimento prezioso che porterà a risultati di successo nel tuo negozio.

2.7 Segreti del Successo su Vinted

Dentro il vivace mondo del commercio su Vinted, esiste un filo conduttore tra coloro che raggiungono il successo duraturo. Questi venditori esperti hanno imparato a muoversi agilmente all'interno della piattaforma, trarre vantaggio dalle opportunità e costruire una reputazione che cattura l'attenzione degli acquirenti. Attraverso le loro storie, possiamo estrapolare preziose lezioni che risuonano con chiunque desideri eccellere in questo contesto unico.

I venditori che si distinguono sanno che l'attenzione richiede cura. Presentazioni ben curate, descrizioni dettagliate e immagini di alta qualità sono il loro biglietto da visita.

Questi esperti sanno anche che la partecipazione attiva alla community è cruciale. Rispondono tempestivamente alle domande degli acquirenti, contribuiscono alle discussioni e condividono consigli preziosi.

Un denominatore comune tra i venditori di successo è la passione. Hanno interiorizzato che il successo richiede impegno e amore per ciò che fanno. L'adattamento è un altro tratto distintivo. Essi monitorano le tendenze, innovano e si evolvono costantemente.

Tuttavia, la lezione più importante è quella di cura verso il cliente. Trattano gli acquirenti come partner, si sforzano per un servizio impeccabile e lavorano per risolvere le questioni.

I segreti del successo su Vinted non sono un mistero irrisolvibile. Attraverso l'esempio di venditori esperti e le loro esperienze, possiamo imparare a plasmare la nostra presenza su questa piattaforma unica. La costruzione della fiducia degli acquirenti, l'attenzione ai dettagli, la partecipazione attiva e un impegno sincero per offrire valore sono i mattoni con cui costruire una reputazione solida e duratura su Vinted.

Preparati a dare una svolta alla tua esperienza su Vinted, imparando le migliori pratiche per creare un profilo di successo e aumentare le tue vendite. Con le giuste strategie e un'attitudine positiva, puoi raggiungere risultati straordinari!

3 STRATEGIE VINCENTI PER ACQUISTARE E RIVENDERE CON PROFITTO

Acquistare e rivendere su Vinted può essere un'ottima opportunità per ottenere guadagni interessanti. In questo capitolo, esploreremo strategie vincenti per trovare affari vantaggiosi, acquistare articoli di qualità e massimizzare i profitti attraverso la rivendita.

Tra le tante strategie, comprare a poco prezzo e rivendere guadagnandoci è sicuramente la migliore.

Il nostro focus sarà infatti diventare degli esperti di "*trading*" su Vinted!

Acquistare prodotti con l'intenzione di rivenderli per guadagnare, noto anche come "commercio di rivendita" o "arbitraggio", può offrire diversi vantaggi a coloro che scelgono di intraprendere questa attività.

Tuttavia, è importante notare che il successo dipenderà da diversi fattori, come la scelta dei prodotti, la pianificazione finanziaria e la comprensione del mercato. Ecco alcuni vantaggi generali dell'acquistare e rivendere prodotti:

1. **Potenziale di guadagno**: Rivendendo prodotti a un prezzo più alto rispetto a quanto li hai acquistati, puoi ottenere un profitto. Questo può essere particolarmente redditizio se riesci a identificare prodotti in forte domanda o prodotti in situazioni di sottovalutazione.

2. **Flessibilità**: La rivendita ti consente di essere flessibile con il tipo di prodotti che vendi e con la quantità che desideri acquistare e rivendere. Questo ti permette di adattarti alle tendenze del mercato e alle opportunità che si presentano.

3. **Accesso a mercati diversi**: Puoi sfruttare differenze regionali o geografiche nei prezzi e nelle domande per acquistare prodotti in una posizione e rivenderli in un'altra, sfruttando le differenze di prezzo.

4. **Sviluppo di abilità imprenditoriali**: L'attività di rivendita richiede di sviluppare abilità imprenditoriali, come la ricerca di mercato, la negoziazione con fornitori e clienti, la gestione delle finanze e la pianificazione delle operazioni.

5. **Rapido ritorno sull'investimento**: A differenza di altre attività imprenditoriali che potrebbero richiedere tempo per svilupparsi, la rivendita può offrire un ritorno sull'investimento relativamente rapido,

soprattutto se si identificano rapidamente le opportunità di profitto.

6. **Apprendimento del mercato**: Rivendere ti consente di apprendere molto sul comportamento dei consumatori, le tendenze di mercato e le dinamiche di approvvigionamento e domanda.

   Questa conoscenza può essere preziosa per eventuali future attività imprenditoriali.

Tuttavia, è importante essere consapevoli che ci sono anche sfide associate all'attività di rivendita, come la concorrenza, la gestione delle scorte, i fluttuanti prezzi di mercato e la necessità di adattarsi rapidamente ai cambiamenti nelle tendenze. Prima di intraprendere questa attività, è fondamentale condurre una ricerca approfondita e pianificare attentamente per massimizzare le possibilità di successo.

3.1 Identificare Prodotti di Successo

Immergiamoci nell'arte di individuare prodotti di successo su Vinted.

Attraverso l'analisi delle categorie e dei brand più ambiti in Italia, scopriremo come riconoscere prodotti di tendenza e oggetti ricercati dagli acquirenti. Decifrare le preferenze degli acquirenti è la chiave per offrire ciò che desiderano, costruendo così una vetrina attraente e massimizzando le opportunità di vendita.

Esplorare le Categorie e i Brand Più Richiesti

1. **Scenari di Tendenza**: Analizza le categorie

che stanno vivendo un boom in un dato momento. Può trattarsi di abbigliamento vintage, accessori moda, tecnologia di seconda mano o oggetti per la casa.

2. **Brand di Fama:** Identifica i brand più popolari e ricercati. Marchi noti e amati possono attrarre un pubblico più vasto e competente.

3. **Categorie In Espansione:** Le categorie emergenti offrono spesso nuove opportunità. Osserva l'andamento di categorie come cosmetici, oggetti per la casa o attrezzi sportivi.

4. **Ricerca di Parole Chiave:** Utilizza parole chiave pertinenti nelle ricerche per individuare prodotti in crescita di interesse. Ad esempio, "vintage anni '90", "abiti da cerimonia" o "gioielli artigianali".

5. **Osserva le Vetrine di Successo:** Studia i venditori di successo e le loro vetrine. Cosa stanno offrendo? Quali tipi di articoli stanno attirando l'attenzione degli acquirenti?

6. **Ascolta i Feedback degli Acquirenti:** Le richieste e i commenti degli acquirenti possono rivelare nuove tendenze. Se noti che molte persone cercano qualcosa in particolare, potrebbe essere un'opportunità da sfruttare.

7. **Social Media e Moda:** Segui influencer o gruppi di moda sui social media per capire quali stili e tendenze stanno catturando l'attenzione degli appassionati di moda.

L'arte di identificare prodotti di successo su Vinted

richiede un occhio attento alle tendenze e un orecchio sensibile alle esigenze degli acquirenti. Attraverso l'analisi delle categorie in crescita e l'osservazione dei brand più ambiti, puoi indirizzare il tuo assortimento verso ciò che gli acquirenti desiderano. Utilizzando strumenti come le parole chiave, l'osservazione delle vetrine di successo e il monitoraggio dei feedback, puoi rimanere in sintonia con le preferenze dei clienti e offrire prodotti che soddisfano la domanda. La capacità di anticipare le tendenze e di adattarsi alle esigenze degli acquirenti è un tassello fondamentale nel puzzle del successo su Vinted.

3.2 Ricerca e Valutazione dei Prezzi

Nel mondo dinamico di Vinted, la ricerca e la valutazione dei prezzi rivestono un ruolo cruciale.

Si esplorerà come sfruttare gli strumenti di ricerca per valutare la domanda e il prezzo medio degli articoli.

Esamineremo, inoltre, strategie sagge per identificare affari e sconti allettanti nell'ambiente di acquisto e vendita di Vinted.

La caccia agli affari è un'arte che richiede abilità e intuito. Occasionalmente, eventi promozionali come giorni di spedizione gratuita o sconti temporanei possono rivelare occasioni imperdibili. Resta vigile verso i venditori che potrebbero offrire sconti per stimolare vendite immediate. Parole chiave come "sconto", "affare", "prezzo ridotto" possono fungere da guide per individuare prodotti interessanti.

Valutare i prezzi e individuare affari richiede una combinazione di saggezza e padronanza delle tendenze. Affidati sia agli strumenti di Vinted che alle tue capacità di ricerca. Riconoscere affari e sconti richiede sensibilità e attenzione ai dettagli. Mantieniti all'erta per gli eventi promozionali e considera il contesto dei venditori, specialmente quelli che potrebbero essere in difficoltà. Acquistare articoli scontati, con spedizione gratuita o comunque risparmiandoci permetterà di poter rivendere lo stesso guadagnandoci di più.

Questo processo ti fornirà le informazioni necessarie per prendere decisioni consapevoli e trarre vantaggio da ciò che Vinted ha da offrire sia come acquirente che come venditore.

3.3 Negoziazione con Venditori

La negoziazione con i venditori su Vinted può essere un'arte sottile e gratificante. In questo contesto, si illustreranno le strategie per condurre negoziazioni efficaci ed etiche, garantendo che entrambe le parti siano soddisfatte. Attraverso il dialogo e il rispetto reciproco, è possibile ottenere prezzi vantaggiosi e offerte speciali senza compromettere l'integrità della transazione:

1. **Approccio Aperto:** Inizia la negoziazione in modo cordiale e aperto. Esprimi il tuo interesse e fai domande pertinenti per comprendere meglio l'articolo e le sue condizioni.

2. **Mostrare Interesse:** Dimostra interesse sincero per l'articolo e cerca di capire il contesto del venditore. Questo crea una base per un dialogo più fluido.
3. **Proporre Offerte Ragionevoli:** Proporre una contropartita ragionevole rispetto al prezzo o alle condizioni iniziali. Sii realistico e aperto alle controproposte.
4. **Esprimere Apprezzamento:** Mostra apprezzamento per il prodotto o l'offerta del venditore. Questo crea una dinamica positiva e aperta.
5. **Rispetto per il Valore:** Riconosci il valore dell'articolo e rispetta il prezzo di partenza. Non cercare sconti eccessivi che potrebbero sminuire l'oggetto.
6. **Comunicazione Chiara:** Comunica in modo chiaro e rispettoso quando desideri ottenere uno sconto o un'offerta speciale. Spiega il motivo in modo onesto.
7. **Rispetta la Decisione del Venditore:** Accetta la decisione del venditore, sia essa un'accettazione o un rifiuto della tua richiesta. Rispetta la loro posizione.
8. **Conserva la Cortesia:** Mantieni la conversazione rispettosa e cortese. Ricorda che la negoziazione è un dialogo, non una richiesta imperativa.

La negoziazione è un'opportunità per creare un terreno comune tra acquirente e venditore. Intraprendi la negoziazione con un approccio aperto, mostrando rispetto per il valore dell'articolo. Proporre offerte ragionevoli e comunicare con chiarezza ti aiuterà a negoziare in modo efficace. Ricorda sempre che l'obiettivo è raggiungere un accordo equo che soddisfi entrambe le parti. La negoziazione può essere un'esperienza gratificante che porta a prezzi vantaggiosi e a un rapporto positivo tra acquirente e venditore su Vinted.

3.4 Verifica della Qualità degli Articoli

Quando ti trovi di fronte a un articolo appena ricevuto da un acquisto su Vinted, dedicare un momento per una verifica accurata può fare la differenza. Dai un'occhiata ravvicinata per identificare possibili difetti o problematiche, in modo da affrontare eventuali situazioni in modo proattivo e costruttivo. Ecco alcuni suggerimenti su cosa osservare attentamente e come affrontare situazioni di difetti o insoddisfazione.

Cosa esaminare quando ricevi un articolo:
- Presta attenzione all'aspetto generale, cercando eventuali segni visibili come macchie o danni.
- Controlla le misure e le dimensioni per confermare che siano in linea con quanto dichiarato dal venditore.
- Esamina dettagli e accessori per assicurarti che siano presenti e in buone condizioni.

Difetti potenziali: osservare da vicino:
- Sii attento a difetti ovvi, come strappi, cuciture sciolte o parti mancanti.

- Valuta l'usura generale dell'articolo, specialmente se è venduto come usato.
- Osserva con attenzione anche le parti meno visibili, in cerca di eventuali difetti nascosti.

Se riscontri difetti o problemi:

- Comunica chiaramente con il venditore, spiegando la situazione in modo onesto e rispettoso.
- Fornisci eventuali prove, come foto dei difetti, per supportare la tua richiesta di reso o rimborso.
- Segui le politiche di reso e rimborso stabilite da Vinted, rispettando i tempi e le procedure indicate.

La verifica della qualità degli articoli acquistati su Vinted è un passo fondamentale per garantire la tua soddisfazione. Dedica un momento per esaminare attentamente l'articolo, riconoscere potenziali difetti e comunicare in modo chiaro con il venditore, se necessario. Affrontare resi e rimborsi seguendo le procedure stabilite ti permette di risolvere eventuali inconvenienti in modo efficace e rispettoso.

3.5 Ottimizzazione della rivendita

È importante ottimizzare la rivendita in modo da massimizzare guadagni con prezzi competitivi.

Imparare a valutare accuratamente il valore dei tuoi articoli e posizionarli in modo attraente è essenziale per ottenere il massimo ritorno dal tuo impegno su Vinted. Come già ampiamente suggerito, analizza prodotti simili su Vinted per avere un'idea dei prezzi praticati da altri venditori. Questo ti aiuterà a stabilire un punto di partenza ragionevole.

Considera le condizioni del tuo articolo e la sua qualità generale. Prezzi più alti possono essere giustificati per articoli nuovi o in condizioni impeccabili.

Se l'articolo è di un marchio noto, valuta se questo può influenzare il suo valore. I brand riconosciuti spesso possono essere valutati leggermente più in alto.

L'ottimizzazione della rivendita richiede un equilibrio delicato tra il valore dell'articolo e la competitività del prezzo. Sii flessibile e pronto a regolare i prezzi in base alle risposte degli acquirenti e alle tendenze del mercato. La tua abilità nel fissare prezzi competitivi e allettanti contribuirà a massimizzare i guadagni e a costruire un profilo venditore di successo su Vinted.

3.6 Promozione e Marketing

Nel passp dedicato alla promozione e al marketing, esploreremo strategie per aumentare la visibilità dei tuoi articoli su Vinted. Imparerai come utilizzare i social media e altre piattaforme per promuovere i tuoi prodotti e come coinvolgerti nella community di Vinted, partecipando a eventi e discussioni:

1. **Piattaforme Social:** Sfrutta piattaforme come Instagram, Facebook e Twitter per condividere foto e promuovere i tuoi articoli.

Crea un profilo coerente che rifletta il tuo stile e collega i tuoi articoli Vinted.

2. **Gruppi e Forum:** Partecipa a gruppi o forum di vendita e moda su social media o altre piattaforme. Condividi i tuoi articoli in modo strategico e partecipa alle conversazioni.

3. **Utilizzo di Hashtag:** Utilizza hashtag pertinenti per raggiungere un pubblico più ampio e attirare potenziali acquirenti interessati.

4. **Partecipazione agli Eventi:** Partecipa agli eventi promozionali o tematici organizzati da Vinted. Questi eventi possono aumentare la visibilità dei tuoi articoli.

5. **Contributi alle Discussioni:** Partecipa alle discussioni nei forum di Vinted, condividendo consigli sulla moda o rispondendo alle domande degli utenti. Questo può aumentare la tua visibilità e creare connessioni.

6. **Recensioni e Feedback:** Lascia recensioni sincere e feedback positivo per altri utenti. Questo dimostra la tua presenza attiva e rispettosa nella community.

La promozione efficace su Vinted richiede un approccio integrato. Sfruttando i social media e partecipando alla community di Vinted, puoi espandere la portata dei tuoi articoli e attirare l'attenzione di una vasta audience. Condividere foto attraenti e coinvolgersi in discussioni pertinenti ti aiuterà a costruire una presenza virtuale e sociale che aumenta la fiducia degli acquirenti e potenzia le tue opportunità di vendita su Vinted.

3.7 Tenere Traccia dei Risultati

È il momento di trattare della fase di monitoraggio dei risultati. Esploreremo l'importanza dell'analisi delle prestazioni delle tue vendite e del rendimento degli investimenti su Vinted. Imparerai come utilizzare i dati per affinare le tue strategie di acquisto e rivendita, ottimizzando il tuo percorso di successo.

È indispensabile capire l'importanza dell'analisi delle prestazioni per diverse ragioni:

1. **Misurare il Successo:** L'analisi ti consente di valutare il successo delle tue vendite e capire quali strategie sono state più efficaci nel raggiungere i tuoi obiettivi.
2. **Identificare Tendenze:** L'analisi ti aiuta a individuare le tendenze nelle vendite, comprese le categorie di prodotti più richieste e i periodi di picco.
3. **Rendimenti degli Investimenti:** Analizzando il rendimento dei tuoi investimenti, puoi capire quali articoli o strategie stanno generando i maggiori profitti.

L'utilizzo dei dati e l'analisi di questi sono necessari per migliorare le strategie di profitto. Con poche mosse si può cambiare rotta se i risultati finora raggiunti non sono confortanti o, nella migliore delle ipotesi, è possibile rafforzare e migliorare le strategie per aumentare ancor di più i profitti.

Per fare ciò è necessario:

1. **Adeguare l'Assortimento:** Utilizza i dati per determinare quali categorie o tipi di prodotti stanno vendendo meglio e adatta il tuo

assortimento di conseguenza.

2. **Ottimizzazione dei Prezzi:** Confronta i dati delle vendite con i prezzi dei tuoi articoli. Se noti che alcuni prezzi sono troppo alti o troppo bassi, apporta le modifiche necessarie.

3. **Promozioni Efficaci:** Esamina quali promozioni o offerte speciali hanno ottenuto maggiore successo e riproponile in modo mirato.

L'analisi dei dati è un ciclo in continua evoluzione che ti guida verso il successo. Raccogli informazioni sulle prestazioni delle tue vendite e impara dalle tue esperienze. Utilizza questi dati per prendere decisioni informate, adattare le tue strategie e migliorare costantemente. Questo approccio basato sui dati ti permetterà di affinare il tuo percorso su Vinted, massimizzando i guadagni e creando una presenza di successo nel mercato delle vendite di abbigliamento usato.

3.8 Un'alternativa proficua

In questo paragrafo voglio suggerirti una modalità diversa rispetto a quella spiegata finora. Potrebbe, anzi, essere un'integrazione alla strategia già enunciata.

Acquistare vestiti in lotti o al chilo!

Questo approccio consente di ottenere una vasta gamma di articoli a prezzi convenienti, massimizzando così il potenziale di profitto.

Inizia identificando fonti affidabili da cui acquistare vestiti in lotti o al chilo. Puoi trovare fornitori online, partecipare ad aste o vendite all'ingrosso, o persino esplorare opzioni locali come mercatini dell'usato o mercati di abbigliamento vintage.

Prima di effettuare l'acquisto, è essenziale valutare attentamente la qualità degli articoli inclusi nel lotto o nel peso. Assicurati che gli indumenti siano in buone condizioni, privi di difetti significativi o danni evidenti. La qualità dei vestiti influenzerà direttamente la loro vendibilità e il tuo successo su Vinted.

Una volta identificato il lotto o il peso desiderato, calcola il costo medio per ogni singolo indumento. Questo ti aiuterà a determinare il prezzo base che dovrai recuperare per coprire i tuoi costi e ottenere un margine di profitto desiderato.

Dopo aver acquistato il lotto, seleziona attentamente gli indumenti che desideri rivendere su Vinted.

Cerca di individuare pezzi alla moda, di marca o unici che attireranno l'interesse degli acquirenti online. Fotografa accuratamente ogni articolo e descrivi dettagliatamente le sue caratteristiche nella tua inserzione su Vinted.

Seguendo questi passaggi e impegnandoti nella ricerca, nella cura dei dettagli e nell'impegno, puoi sfruttare al massimo il potenziale di acquistare vestiti in lotti o al chilo e rivenderli con successo su Vinted, creando così un'attività redditizia nel mercato della moda di seconda mano.

Sfrutta le strategie vincenti per fare acquisti intelligenti e ottenere successo nella rivendita su Vinted. Con una ricerca attenta e una buona pianificazione, puoi trasformare l'acquisto e la rivendita su Vinted in un'attività profittevole e appagante.

4 GESTIONE E ORGANIZZAZIONE DELLE VENDITE

Una gestione efficace e un'organizzazione adeguata sono fondamentali per avere successo nel guadagnare su Vinted. In questo capitolo, esploreremo le migliori pratiche per gestire le tue vendite in modo efficiente, garantire un'esperienza positiva per gli acquirenti e mantenere alta la tua reputazione come venditore affidabile.

Nel capitolo dedicato all'organizzazione efficace, esploreremo come tenere traccia degli articoli in vendita, delle loro quantità disponibili e delle scadenze delle promozioni. Imparerai anche strategie pratiche per organizzare gli articoli in modo da semplificare le spedizioni e ottimizzare il processo complessivo di gestione.

4.1 Organizzare l'Inventario e le Spedizioni

Per gestire le scorte e le promozioni è necessario

seguire uno schema preciso. Di seguito dei consigli per monitorare al meglio la logistica del tuo negozio:

1. **Registro Dettagliato:** Mantieni un registro dettagliato di tutti gli articoli in vendita. Segna quantità disponibili, prezzi e scadenze delle promozioni. Questo ti aiuta a evitare sovrapposizioni e errori.

2. **Sistemi di Codifica:** Utilizza sistemi di codifica o etichettatura per identificare facilmente ogni articolo. Questo rende più rapida l'individuazione e l'aggiornamento delle informazioni.

3. **Promemoria delle Scadenze:** Usa promemoria digitali o un calendario per tenere traccia delle scadenze delle promozioni e delle spedizioni. In questo modo, puoi pianificare le azioni con anticipo.

Per una migliore gestione logistica è oltretutto indispensabile organizzare lo spazio di archiviazione:

1. **Categorie Distinte:** Organizza gli articoli per categorie distinte. Utilizza scaffali o contenitori per mantenere ordine e rendere facile la ricerca.

2. **Metodo FIFO:** Adotta il metodo "First In, First Out" (FIFO) per posizionare gli articoli nuovi dietro a quelli già presenti. Questo previene il deterioramento di articoli rimasti inutilizzati.

3. **Zona di Spedizione:** Crea una zona dedicata per la preparazione e l'imballaggio degli ordini. Tieni a portata di mano scatole, imballi e tutto ciò che serve per spedire.

Per migliorare l'efficienza complessiva, un'organizzazione accurata è la chiave per un'esperienza di vendita senza intoppi.

Tenere traccia delle scorte, delle promozioni e degli articoli in vendita ti aiuta a evitare confusioni e errori. Inoltre, l'organizzazione dello spazio di archiviazione ti consente di preparare le spedizioni in modo rapido ed efficiente.

Una gestione ordinata aumenta la tua produttività e migliora l'esperienza sia per te che per i tuoi acquirenti su Vinted.

4.2 Gestione dei Messaggi e delle Richieste

Affrontare domande, richieste speciali e personalizzate con attenzione e cortesia, sono le fondamenta per costruire rapporti positivi e soddisfacenti con la clientela su Vinted.

La risposta tempestiva è fondamentale. Rispondi alle domande degli acquirenti entro breve tempo per dimostrare disponibilità e interesse.

Sii Professionale e Cordiale, mantieni un tono professionale e cordiale nelle risposte. Evita risposte rapide o poco curate, focalizzandoti sulla chiarezza e sulla cortesia.

Se ricevi richieste speciali o personalizzate, valuta se sei in grado di soddisfarle. Rispondi in modo aperto e, se possibile, offri soluzioni alternative.

Se l'acquirente richiede opzioni o dettagli aggiuntivi, fornisci tutte le informazioni necessarie in modo esauriente.

Se, invece, devi declinare una richiesta o non sei in grado di soddisfarla, fallo in modo cortese e chiaro. Proponi alternative o spiega la situazione con sincerità.

Una comunicazione rispettosa e attenta costruisce rapporti di fiducia. Gli acquirenti apprezzano la disponibilità e la professionalità.

La gestione delle comunicazioni con gli acquirenti è una parte cruciale del tuo ruolo di venditore su Vinted. Essere reattivi, professionali e attenti alle esigenze degli acquirenti contribuirà a creare un'esperienza di acquisto positiva e a fidelizzare la clientela. Tratta ciascuna interazione come un'opportunità per dimostrare la tua affidabilità e costruire un profilo venditore di successo.

4.3 Monitoraggio delle Vendite e dei Pagamenti

Nella parte dedicata al monitoraggio delle vendite e dei pagamenti, esploreremo l'importanza di tenere traccia delle transazioni concluse e dei pagamenti ricevuti. Imparerai come gestire rimborsi e restituzioni, se necessario, per mantenere un flusso di lavoro efficiente e garantire la soddisfazione dell'acquirente.

Tracciare le vendite e i pagamenti: Un approccio organizzato

È essenziale registrare con precisione ogni vendita e pagamento ricevuto. Mantenere un registro accurato ti aiuta a monitorare il tuo successo e a identificare eventuali discrepanze.

Gestione dei rimborsi e delle restituzioni: Tolleranza e Professionalità

In alcuni casi, potresti dover affrontare richieste di rimborsi o restituzioni da parte degli acquirenti. Affronta queste situazioni con calma e professionalità:

- Ascolta le richieste dell'acquirente e chiedi dettagli per capire la situazione.
- Se la richiesta è legittima, segui le politiche di Vinted per i resi e i rimborsi.
- Comunica apertamente con l'acquirente, spiegando i passaggi da seguire e i tempi di elaborazione.

Mantenere l'equilibrio tra Efficienza e Compassione

Il monitoraggio delle vendite e dei pagamenti è un aspetto cruciale del tuo impegno come venditore. Mantenere un registro accurato, come spiegato, ti consente di gestire la tua attività in modo efficace e di identificare eventuali situazioni che richiedono attenzione. Quando si tratta di rimborsi o restituzioni, un approccio equilibrato, basato sul rispetto delle politiche di Vinted e sulla comprensione delle esigenze dell'acquirente, contribuirà a mantenere un'esperienza positiva e a preservare la tua reputazione di venditore affidabile.

4.4 Imballaggio Sicuro e Professionale

È il momento di esplorare l'arte di confezionare gli articoli in modo da garantire che arrivino al destinatario in perfette condizioni. Dovrai imparare come utilizzare materiali di imballaggio adeguati non solo per proteggere gli articoli, ma anche per creare una presentazione professionale che lasci un'impressione positiva sugli acquirenti.

Priorità alla Sicurezza dell'Articolo

1. **Protezione Adeguata:** Avvolgi l'articolo con materiali protettivi come carta da pacchi, pluriball o bolle d'aria. Questi strati aggiuntivi riducono il rischio di danni durante il trasporto.

2. **Scelta del Contenitore:** Utilizza scatole resistenti e adatte alle dimensioni dell'articolo. Assicurati che lo spazio all'interno sia sufficiente per evitare pressioni e danni.

3. **Sigillatura Sicura:** Sigilla la scatola con nastro adesivo resistente. Assicurati che tutte le aperture siano ben chiuse per evitare fuoriuscite.

Presentazione Professionale dell'Articolo

1. **Estetica Cura dei Dettagli:** Utilizza carta da pacchi colorata o tessuti di seta per avvolgere gli articoli. Questo non solo protegge l'articolo, ma crea anche un'esperienza di apertura speciale.

2. **Inserimento di Biglietti o Etichette:** Aggiungi un biglietto di ringraziamento o una piccola etichetta con il tuo nome utente. Questo contribuisce a stabilire una connessione personale con l'acquirente. Può

essere utile anche inserire un messaggio con la richiesta di una super recensione se il compratore si è sentito soddisfatto dell'acquisto.

3. **Pulizia e Presentazione:** Prima di imballare, assicurati che l'articolo sia pulito e in ottime condizioni. Un aspetto curato aumenta la fiducia dell'acquirente.

Riflettere Cura ed Eccellenza

L'imballaggio non è solo una necessità pratica ma un'opportunità per riflettere la cura che metti nella tua attività. Un imballaggio accurato dimostra l'attenzione che hai per i tuoi prodotti e per l'esperienza dell'acquirente. Una confezione professionale non solo protegge l'articolo, ma può anche influenzare positivamente le recensioni e la fedeltà dei clienti. Con un imballaggio sicuro e ben presentato, trasmetti il messaggio che la tua professionalità non si ferma alla vendita, ma si estende all'intero processo di acquisto.

4.5 Tempi di Spedizione e Consegna

Rispettare i tempi di spedizione promessi, garantendo consegne puntuali che soddisfino le aspettative degli acquirenti è alla base di quest'attività.

Per una corretta pianificazione e organizzazione è importante:

1. Definire tempi di spedizione realistici basati sulla tua disponibilità e sui servizi di spedizione che utilizzi. Comunica questi tempi

chiaramente nell'annuncio.
2. Prima di confermare l'ordine, assicurati di avere l'articolo pronto per la spedizione. Questo evita ritardi all'ultimo momento.

Informa gli acquirenti quando l'articolo è stato spedito e fornisci il numero di tracciamento, se disponibile. Questo permette loro di monitorare la spedizione.

In caso di imprevisti o ritardi, comunica tempestivamente agli acquirenti. La trasparenza costruisce fiducia.

Utilizza servizi di spedizione affidabili e rinomati per evitare ritardi imprevisti e garantire consegne puntuali.

Considera eventuali fattori che potrebbero influenzare la spedizione, come giorni festivi o intoppi nel servizio di spedizione.

Se gli acquirenti richiedono spedizioni più rapide o opzioni specifiche, cerca di soddisfare le loro richieste se possibile.

Se si verificano problemi con la spedizione, affrontali con responsabilità e cercando soluzioni che soddisfino l'acquirente.

Rispettare i tempi di spedizione e consegna è essenziale per mantenere la fiducia degli acquirenti e garantire una buona reputazione. La comunicazione chiara, la pianificazione adeguata e l'uso di servizi di spedizione affidabili sono elementi chiave per garantire che gli articoli arrivino puntualmente e soddisfino le aspettative degli acquirenti. Con un approccio attento e professionale alla gestione dei tempi di spedizione, puoi creare una base solida di fedeli clienti su Vinted.

4.6 Feedback e Recensioni degli Acquirenti

Gestione dei Feedback e delle Recensioni: Costruire una Reputazione Solida

La gestione dei feedback è un aspetto cruciale nel processo di costruzione della tua reputazione come venditore affidabile su Vinted. Rispondendo in modo appropriato e costruttivo ai feedback, dimostri un impegno costante per la soddisfazione del cliente. Ogni feedback è un'opportunità per migliorare e dimostrare la tua dedizione a offrire un servizio di alta qualità. Con un'attenzione attenta ai feedback e una risposta adeguata, puoi costruire una reputazione solida che attira nuovi acquirenti e crea una base di clientela fedele.

Esploriamo come affrontare le valutazioni e i commenti, sia positivi che negativi ed impareriamo come gestire i feedback in modo professionale e costruttivo, contribuendo a costruire una reputazione solida su Vinted seguendo pochi punti importanti:

- **Esprimi Gratitudine:** Rispondi ai feedback positivi ringraziando l'acquirente per la loro valutazione e il loro supporto. Dimostra apprezzamento per la loro scelta di acquistare da te.

- **Crea una Connessione:** Utilizza la risposta come opportunità per creare una connessione personale. Condividi la tua felicità per aver soddisfatto le aspettative dell'acquirente.

Capiterà, anche se sarà poco probabile se hai

seguito tutte le informazioni spiegate in questa guida, di ricevere feedback negativi.

È importante affrontarli e gestirli in maniera empatica e professionale.

1. **Analizza il Feedback:** Leggi con attenzione il feedback negativo per comprendere le preoccupazioni dell'acquirente. Mantieni la calma e rimuovi l'emozione dalla risposta.

2. **Rispondi con Empatia:** Rispondi con empatia, chiedendo ulteriori dettagli sulla loro esperienza per capire meglio la situazione.

Rispondi ai commenti e alle recensioni tempestivamente e mostra che sei attento alle opinioni degli acquirenti. Mantieni sempre un tono professionale e cortese nella risposta, anche se il feedback è negativo per costruire una reputazione solida.

4.7 Mantenere la Reputazione di Venditore Affidabile

Mantenere una reputazione positiva richiede un impegno costante per fornire un servizio eccellente e affrontare le sfide con professionalità. Una buona reputazione si costruisce nel tempo attraverso l'attenzione ai dettagli, la gestione empatica delle situazioni e il desiderio di offrire un'esperienza positiva agli acquirenti.

Con un approccio attento e impegnato, puoi mantenere la tua reputazione di venditore affidabile e prosperare sulla piattaforma Vinted.

La rilevanza di una reputazione positiva non può essere sottovalutata. Nel mondo delle vendite su Vinted, una reputazione positiva svolge un ruolo cruciale nel costruire un successo duraturo e una base di clientela fedele.

Ecco tre motivi per cui una reputazione positiva è fondamentale:

1. Attrarre Acquirenti:

Una reputazione positiva è come un faro luminoso che attira nuovi acquirenti. Gli acquirenti sono più propensi ad acquistare da venditori che hanno ricevuto feedback positivi da altri acquirenti. Una reputazione solida crea un senso di fiducia e sicurezza, incoraggiando gli acquirenti a scegliere i tuoi prodotti.

2. Fidelizzare Clienti:

Un acquirente soddisfatto è un acquirente che tornerà. Una reputazione positiva ti permette di fidelizzare i clienti, che sceglieranno nuovamente i tuoi prodotti in futuro. Inoltre, i clienti soddisfatti potrebbero anche consigliarti ad amici e familiari, estendendo la tua base di clientela.

3. Creare una Marca:

Una reputazione positiva contribuisce a creare la tua "marca" come venditore affidabile. Man mano che guadagni feedback positivi, costruisci una percezione positiva di te stesso nel mercato. Questo non solo aumenta la fiducia degli acquirenti, ma contribuisce anche a definire la tua identità come venditore di alta qualità.

In sintesi, una reputazione positiva non è solo un obiettivo, ma un investimento a lungo termine nel tuo successo come venditore su Vinted.

Rendendo l'attenzione alla soddisfazione del cliente una priorità, puoi costruire una reputazione solida che diventa il fondamento della tua crescita e del tuo successo nell'ambiente dinamico del commercio online.

Se capiterà di affrontare situazioni problematiche ascolta attentamente le preoccupazioni degli acquirenti, senza interrompere o giustificarti subito.

Mantieni la calma anche in situazioni difficili. Rispondere con emozioni negative non aiuta a risolvere la situazione.

Ricorda di utilizzare un approccio risolutivo, proponendo soluzioni costruttive e accettabili per entrambe le parti. Cerca compromessi che soddisfino le esigenze dell'acquirente e i tuoi standard.

Dopo aver affrontato una situazione problematica, rifletti su cosa hai imparato e come puoi migliorare in futuro.

Utilizza le situazioni problematiche come spunti per apportare miglioramenti nel tuo servizio.

4.8 Automazione e Strumenti Utili

L'automazione e gli strumenti utili possono essere potenti alleati nella gestione delle tue vendite su Vinted. Sfruttando queste risorse, puoi ottimizzare il tuo tempo, ridurre gli errori e offrire un servizio più efficiente e professionale. Tuttavia, è importante bilanciare l'automazione con l'autenticità, poiché il rapporto con gli acquirenti rimane il cuore del tuo successo come venditore.

App o software dedicati alla gestione delle scorte ti consentono di tenere traccia accurata dei tuoi prodotti disponibili. Questo ti aiuta a evitare sovraccarichi o scorte insufficienti, fornendo una visione chiara di ciò che hai in magazzino.

Grazie a queste soluzioni, puoi pianificare gli acquisti in modo più accurato, garantendo che tu abbia sempre i prodotti giusti a disposizione senza dover gestire manualmente ogni dettaglio.

Strumenti che calcolano automaticamente i costi e i tempi di spedizione semplificano la gestione delle spedizioni. Questo riduce la probabilità di errori nei calcoli e nelle stime, garantendo che gli acquirenti ricevano informazioni accurate e che tu possa mantenere le tue promesse di consegna. Questi strumenti ti permettono di offrire opzioni di spedizione più precise e trasparenti, migliorando l'esperienza complessiva degli acquirenti.

L'utilizzo di strumenti e app per la gestione delle scorte e delle spedizioni può migliorare significativamente la tua efficienza operativa. Riduci il rischio di errori, semplifica le operazioni quotidiane e fornisci un servizio più professionale ai tuoi acquirenti.

Tuttavia, è importante scegliere strumenti affidabili e adattati alle tue esigenze, in modo da ottenere i migliori risultati nella gestione delle tue vendite su Vinted.

Valutiamo i vantaggi:
Automazione delle Operazioni
1. **Messaggi Predefiniti:** Crea modelli di

messaggi standard per rispondere rapidamente alle domande degli acquirenti. Questo velocizza la comunicazione senza compromettere la personalizzazione.

2. **Pubblicazione Automatica:** Alcuni strumenti consentono di pianificare la pubblicazione dei tuoi annunci, garantendo una presenza costante senza dover gestire manualmente ogni singolo annuncio.

Risparmio di Tempo ed Energia

1. **Focus sul Core Business:** L'automazione libera il tuo tempo da attività ripetitive, consentendoti di concentrarti su attività più strategiche, come la ricerca di nuovi prodotti o l'interazione con i clienti.

2. **Evitare Errori:** L'automazione riduce il rischio di errori umani, come dimenticare di rispondere a un messaggio o aggiornare lo stato di un ordine.

È importante trovare un equilibrio tra l'automazione e l'interazione personale con gli acquirenti. Mentre l'automazione semplifica molte operazioni, la tua autenticità come venditore rimane fondamentale. Mantieni una presenza personale nella comunicazione e nell'esperienza dell'acquirente.

4.9 Pianificazione e Organizzazione a Lungo Termine

La pianificazione e l'organizzazione a lungo termine richiedono un equilibrio tra ambizione e realismo. Assicurati di impostare obiettivi sfidanti ma raggiungibili e di essere flessibile nel tuo approccio, adattandoti ai cambiamenti del mercato e alle esigenze dei clienti. Mantenere un equilibrio sano tra l'impegno e la flessibilità ti aiuterà a mantenere la tua attività sostenibile e redditizia nel corso del tempo, contribuendo al tuo successo costante su Vinted.

Definisci gli obiettivi che vuoi raggiungere nel corso del tempo. Questi possono includere la crescita del tuo negozio, il raggiungimento di determinati volumi di vendita o l'ampliamento della gamma di prodotti.

Crea un calendario che delinei le attività chiave da svolgere nel corso dei mesi. Questo ti aiuterà a mantenere il controllo delle attività pianificate e a distribuire il lavoro in modo uniforme.

Ecco di seguito alcuni trucchi e strategie:

Strategie per la Sostenibilità e la Redditività

1. **Diversificazione dei Prodotti:** Esplora nuove categorie di prodotti o aggiungi varietà alla tua offerta. La diversificazione può aiutarti a raggiungere un pubblico più ampio e ad adattarti alle tendenze del mercato.

2. **Monitoraggio delle Performance:** Tieni traccia delle tue performance nel tempo. Analizza le vendite, i profitti e altre metriche chiave per identificare ciò che funziona e ciò che potrebbe essere migliorato.

3. **Adattamento alle Tendenze:** Mantieniti aggiornato sulle tendenze del mercato e sull'evoluzione delle preferenze degli acquirenti. Adatta il tuo assortimento e le tue

strategie di vendita di conseguenza.

La gestione e l'organizzazione delle vendite sono fondamentali per costruire e mantenere un business di successo su Vinted. Con le giuste strategie e l'attenzione ai dettagli, puoi garantire un'esperienza di acquisto positiva per i tuoi clienti e raggiungere il successo come venditore su Vinted in Italia.

5 TRUCCHI E CONSIGLI AVANZATI PER MASSIMIZZARE I GUADAGNI

Per raggiungere il massimo potenziale di guadagno su Vinted, è essenziale conoscere alcuni trucchi e segreti avanzati. In questo capitolo, esploreremo strategie avanzate per aumentare le vendite, ottimizzare i profitti e distinguersi dalla concorrenza su Vinted.

Nel capitolo dedicato all'utilizzo di strategie di prezzo dinamico, esploreremo come massimizzare i guadagni attraverso un approccio flessibile ai prezzi. Scoprirai come sfruttare strategie adeguate per aumentare la domanda e ottimizzare le tue entrate su Vinted.

5.1 Utilizzo di Strategie di Prezzo Dinamico

L'uso di strategie di prezzo dinamico richiede un equilibrio tra massimizzare i guadagni e mantenere prezzi competitivi. Assicurati che i tuoi prezzi riflettano il valore dei tuoi prodotti e che le tue promozioni siano sostenibili per la tua attività. L'obiettivo è creare un vantaggio competitivo mentre offri valore agli acquirenti, contribuendo così a un successo duraturo su Vinted.

Le strategie di prezzo dinamico ti consentono di rispondere ai cambiamenti nella domanda del mercato. Quando la domanda è alta, considera l'opportunità di aumentare i prezzi. Questo approccio può aumentare le tue entrate poiché gli acquirenti sono disposti a pagare di più per ottenere ciò che desiderano.

Riconoscere i momenti in cui la domanda raggiunge il suo apice è essenziale per massimizzare i guadagni. Durante le festività o le stagioni di moda, sfrutta l'entusiasmo degli acquirenti offrendo sconti limitati o promozioni speciali. Questo crea un senso di urgenza e può spingere gli acquirenti ad acquistare in modo più rapido e in maggiore quantità.

L'utilizzo dei prezzi dinamici richiede una comprensione dettagliata del tuo mercato e dei comportamenti degli acquirenti. La capacità di adattarsi alle fluttuazioni della domanda e di sfruttare i momenti di alta richiesta può posizionarti in modo competitivo e massimizzare i tuoi guadagni. Tuttavia, è essenziale mantenere un equilibrio tra prezzi attraenti e valore offerto, garantendo che gli acquirenti percepiscano sempre un vantaggio nell'acquisto da te.

Di seguito altre strategie, già anticipate in principio in questa guida:

Sconti Temporanei e Tariffe Promozionali

1. **Sconti Limitati:** Offri sconti temporanei su alcuni prodotti per creare un senso di urgenza negli acquirenti. Questo può spingerli ad acquistare più rapidamente.
2. **Tariffe Promozionali:** Introduci tariffe speciali per prodotti selezionati o per un periodo limitato. Questo può attirare nuovi acquirenti e incentivare quelli esistenti a fare acquisti.

Personalizzazione e Monitoraggio
1. **Segmentazione degli Acquirenti:** Considera la possibilità di offrire sconti mirati a diversi segmenti di acquirenti, in base alle loro preferenze e comportamenti.
2. **Monitoraggio delle Prestazioni:** Analizza le prestazioni delle tue strategie di prezzo dinamico. Valuta se stai ottenendo i risultati desiderati e se le tue entrate stanno aumentando come previsto.

5.2 Vendita in Bundle e Pacchetti

L'uso di offerte speciali e strategie di prezzo vantaggiose può aumentare l'attrattiva del tuo negozio e stimolare le vendite. Tuttavia, è importante garantire che le offerte siano chiare, trasparenti e vantaggiose per gli acquirenti, garantendo allo stesso tempo che tu mantenga un profitto adeguato.

Raggruppa prodotti complementari o correlati in un unico pacchetto. Ad esempio, abbinando una gonna a una maglietta che si abbina perfettamente.

Offri sconti progressivi quando gli acquirenti acquistano più articoli. Ad esempio, uno sconto del 10% sull'acquisto di 2 articoli e uno sconto del 20% sull'acquisto di 3 o più articoli.

La strategia dei prezzi fascia, invece, coinvolge l'offerta di una gamma di prezzi all'interno di una categoria di prodotti. Questo dà agli acquirenti la possibilità di scegliere tra diverse opzioni, adatte alle loro preferenze e al loro budget. Questo approccio può rendere il tuo negozio più accessibile a una varietà di acquirenti, aumentando le probabilità che trovino prodotti che rispondano alle loro esigenze finanziarie.

Identifica gli eventi speciali o i periodi di picco in cui desideri partecipare. Pianifica in anticipo le promozioni, gli sconti e gli articoli che vuoi promuovere.

Assicurati di avere un inventario adeguato di prodotti popolari o a tema per l'evento. Questo evita che gli acquirenti perdano interesse a causa della mancanza di scelta.

Partecipare a eventi speciali e periodi di picco richiede pianificazione e un approccio strategico. Assicurati che le tue promozioni siano vantaggiose sia per te che per gli acquirenti. Mantieni la qualità e la professionalità anche durante i periodi frenetici. L'obiettivo è catturare l'attenzione degli acquirenti durante momenti di grande interesse e guidarli verso acquisti soddisfacenti e convenienti.

Ecco di seguito altri utili approcci strategici per massimizzare le vendite:

1. **Creare Urgenza:** Limita le offerte speciali nel tempo o nel numero di pezzi disponibili. Questo crea un senso di urgenza che spinge gli acquirenti a prendere decisioni rapide.
2. **Promozioni a Tempo Limitato:** Offri sconti o offerte speciali per un periodo di tempo definito. Questo crea un senso di opportunità che può attirare gli acquirenti a prendere parte alle tue offerte.
3. **Offerte Speciali:** Crea offerte speciali per un periodo limitato, ad esempio durante il Black Friday o le festività. Questo può creare un senso di urgenza tra gli acquirenti.
4. **Sconti Graduali:** Offri sconti progressivamente più alti sui prodotti a seconda dell'importo speso. Questa strategia può incoraggiare gli acquirenti a fare acquisti più sostanziosi.

Queste strategie innovative si concentrano sull'adattarsi alle preferenze e alle esigenze degli acquirenti.

Mentre i prezzi fascia offrono opzioni accessibili, i pacchetti di risparmio creano un senso di vantaggio e offrono un'esperienza di acquisto più ricca. Utilizzare queste strategie con saggezza, garantendo che i prezzi riflettano il valore dei prodotti e che le offerte siano allettanti e oneste.

L'obiettivo è creare un'esperienza di shopping attraente e soddisfacente, aumentando nel contempo le tue vendite e la soddisfazione dei clienti.

5.3 Upselling e Cross-selling

Il upselling e il cross-selling sono potenti strumenti per aumentare il valore del carrello e offrire agli acquirenti opzioni aggiuntive. Tuttavia, è fondamentale offrire prodotti che siano autenticamente rilevanti e di valore per gli acquirenti, evitando di essere troppo invadenti. L'obiettivo è fornire un servizio personalizzato e mirato, migliorando allo stesso tempo le vendite e l'esperienza complessiva dei clienti su Vinted.

Utilizzo di Tecniche di Upselling

1. **Prodotti di Valore Superiore:** Durante il processo di acquisto, suggerisci agli acquirenti prodotti correlati di valore superiore. Ad esempio, se un acquirente sta acquistando una maglietta, potresti suggerire una versione premium o un accessorio che si abbina.

2. **Sottolinea i Benefici:** Sottolinea i vantaggi aggiuntivi dei prodotti di valore superiore, come la qualità superiore, le caratteristiche avanzate o l'esclusività. Questo può convincere gli acquirenti a considerare l'upgrade.

Utilizzo di Cross-Selling

1. **Prodotti Complementari:** Durante il processo di acquisto, suggerisci prodotti complementari che potrebbero interessare l'acquirente. Ad esempio, se un acquirente sta acquistando un paio di jeans, potresti suggerire una cintura o una maglietta che si abbina.

2. **Aggiungi Valore:** Spiega come l'acquisto dei prodotti complementari può migliorare l'esperienza complessiva. Ad esempio, sottolinea come la cintura può completare il look dei jeans.

5.4 Collaborazioni e Partnership

Le collaborazioni strategiche possono ampliare la tua portata e aumentare la visibilità dei tuoi prodotti. Assicurati che le collaborazioni siano autentiche e in linea con la tua *brand identity*.

Le partnership devono portare valore sia a te che ai tuoi collaboratori. Un approccio basato sulla fiducia e sulla mutua comprensione può portare a risultati positivi e a un aumento delle vendite sul lungo termine.

Collabora con altri venditori per promuovere reciprocamente i prodotti. Ad esempio, potete offrire sconti incrociati ai vostri acquirenti, aumentando così l'attrattiva delle vostre offerte.

Creare bundle di prodotti insieme ad altri venditori può attirare acquirenti interessati a più articoli. Questo può portare a vendite incrociate e soddisfare le esigenze di acquirenti alla ricerca di combinazioni di prodotti.

Collabora con influencer che si rivolgono al tuo pubblico di riferimento. Gli influencer possono condividere le loro esperienze con i tuoi prodotti, aumentando la tua visibilità tra i loro seguaci.

Esplora l'opportunità di espandere la tua presenza

al di là di Vinted. Puoi vendere i tuoi prodotti su più piattaforme o creare una presenza online attraverso social media o un sito web.

5.5 Espandere il Tuo Mercato

L'espansione su nuove piattaforme e social media richiede un approccio pianificato e strategico. Ricerca attentamente le piattaforme che meglio si allineano alla tua offerta e al tuo pubblico target. Adatta la tua strategia di vendita in base ai nuovi contesti, assicurandoti che rimanga autentica e rilevante. L'obiettivo è raggiungere nuovi acquirenti e ampliare il tuo mercato, mantenendo nel contempo la coerenza con la tua *brand identity* e la qualità dei tuoi prodotti.

Esplora altre piattaforme di vendita online che potrebbero attirare un pubblico diverso. Ad esempio, potresti vendere su piattaforme specializzate nell'abbigliamento vintage o su siti di annunci locali.

Utilizza i social media per promuovere i tuoi prodotti. Crea contenuti coinvolgenti che mostrino i tuoi articoli in azione e utilizza *hashtag* pertinenti per aumentare la visibilità.

Adatta il tuo tono di comunicazione e il messaggio ai nuovi pubblici. Assicurati che il tuo valore sia chiaro e attraente per questi acquirenti potenziali.

Considera la possibilità di espandere la gamma di prodotti offerti per soddisfare le preferenze dei nuovi acquirenti. Questo potrebbe includere l'aggiunta di categorie o stili diversi.

5.6 Vendita di Articoli di Nicchia o Rari

La vendita di prodotti di nicchia o rari richiede un approccio mirato e attenzione ai dettagli. È essenziale comprendere il tuo pubblico di riferimento e offrire un'esperienza di acquisto che risponda alle loro esigenze. Mantenendo alta la qualità e la precisione nelle descrizioni, puoi attrarre appassionati e coltivare una base di clienti fedeli.

La ricerca attiva delle tendenze di mercato ti permette di identificare i settori o gli stili emergenti che stanno guadagnando popolarità. Sii attento ai cambiamenti nelle preferenze dei consumatori e alle evoluzioni del gusto. Questa conoscenza ti consentirà di offrire prodotti che rispondono alle aspettative del pubblico e che soddisfano le loro passioni.

Parti alla ricerca di articoli unici e rari visitando negozi vintage, mercatini delle pulci e venditori locali. Questa caccia ai tesori può portarti a scoprire articoli che non sono facilmente reperibili altrove. Concentrati su prodotti con una storia o una caratteristica particolare che potrebbero affascinare un pubblico specializzato.

La chiave per vendere prodotti di nicchia o rari è l'autenticità.

Mantieni la tua passione per ciò che vendi e condividi storie coinvolgenti sulla provenienza e l'unicità degli articoli. Fornisci dettagli accurati nelle descrizioni e sottolinea ciò che rende ogni articolo speciale. Inoltre, sii pronto a rispondere alle domande degli acquirenti appassionati, dimostrando la tua conoscenza e coinvolgimento.

Sfruttando la ricerca di tendenze e l'attenzione ai dettagli, puoi costruire un negozio che si distingue per la sua offerta unica e che attrae un pubblico appassionato e desideroso di collezionare pezzi speciali.

Esploriamo adesso altre manovre utili alla massimizzazione delle vendite online:

1. **Contenuti Specializzati:** Crea contenuti che si rivolgano direttamente al pubblico interessato. Ad esempio, scrivi guide informative sui prodotti di nicchia o condividi storie di successo di acquirenti soddisfatti.

2. **Utilizzo di Hashtag:** Utilizza *hashtag* specifici che sono popolari tra gli appassionati della tua nicchia. Questo aumenterà la visibilità dei tuoi prodotti tra coloro che sono interessati.

3. **Descrizioni Dettagliate:** Fornisci descrizioni dettagliate e precise degli articoli, evidenziando ciò che li rende speciali. Questo aiuta gli acquirenti a comprendere il valore unico dei prodotti.

4. **Storie di Provenienza:** Condividi storie sulla provenienza o la storia degli articoli di nicchia. Questo può suscitare interesse e connessione emotiva tra gli acquirenti e i tuoi prodotti.

5.7 Ottimizzare le Spese di Spedizione e Gestione

Mentre cerchi di ridurre i costi, è importante mantenere un livello di servizio che soddisfi gli acquirenti. Assicurati che gli articoli siano imballati in modo sicuro e che le spedizioni siano tracciate per evitare problemi. Trova un equilibrio tra costi di spedizione e qualità del servizio, in modo da offrire un'esperienza positiva agli acquirenti e massimizzare i profitti.

Ridurre i Costi di Spedizione

1. **Peso e Dimensioni:** Ottimizza l'imballaggio per ridurre il peso e le dimensioni del pacco. Un imballaggio compatto può abbassare le spese di spedizione.
2. **Scelta del Corriere:** Confronta i prezzi e le opzioni offerte da diversi corrieri. Scegli il servizio che offre un buon equilibrio tra prezzo e affidabilità.

Utilizzo di Servizi di Spedizione Convenienti

1. **Servizi di Spedizione Online:** Utilizza servizi di spedizione online che offrono tariffe scontate per i venditori. Questi servizi possono consentirti di risparmiare sulle spese di spedizione.
2. **Tariffe per Venditori:** Alcuni corrieri offrono tariffe speciali per i venditori che spediranno frequentemente. Approfitta di queste opportunità per risparmiare ulteriormente.

Strategie per Massimizzare i Profitti

1. **Spedizioni Raggruppate:** Combina gli ordini in un unico invio quando possibile. Questo riduce i costi di spedizione individuali.
2. **Offri Spedizione Gratuita:** Considera l'opzione di offrire la spedizione gratuita su articoli selezionati o su ordini superiori a una determinata cifra. Questo può attirare

acquirenti e aumentare il valore degli ordini.

Con questi trucchi e consigli avanzati, sarai in grado di massimizzare i tuoi guadagni su Vinted e distinguerti come un venditore di successo in Italia.

Sfrutta al massimo le opportunità offerte dalla piattaforma e continua a migliorare le tue strategie per ottenere risultati straordinari nel guadagnare su Vinted.

6 FISCALITÀ

Le leggi fiscali italiane possono variare e sono soggette a modifiche, quindi è essenziale consultare un consulente fiscale o un commercialista per ottenere informazioni specifiche e aggiornate in base alla tua situazione individuale.

Tuttavia, posso fornirti alcune informazioni generali sui principali aspetti fiscali che potrebbero riguardare chi vuole iniziare a guadagnare su Vinted in Italia:

- Regime fiscale: Se inizi a guadagnare su Vinted in modo occasionale e non costante, potresti rientrare nel regime fiscale dei "redditi diversi", che riguarda le attività occasionali di vendita. Se, invece, il guadagno da Vinted costituisce una vera e propria attività commerciale, potresti essere soggetto al regime fiscale delle "imprese in contabilità ordinaria" o "forfettario".

- Registrazione come partita IVA: Se il guadagno su Vinted costituisce un'attività commerciale o se superi determinate soglie di reddito, potresti essere obbligato ad aprire una partita IVA e registrarti come contribuente IVA.

- Dichiarazione dei redditi: Indipendentemente dal regime fiscale, dovrai dichiarare i tuoi guadagni provenienti da Vinted nella tua dichiarazione dei redditi annuale.

- Tasse sulle vendite: Se sei un venditore professionale, dovrai applicare l'IVA sulle tue vendite e versarla allo Stato. Se operi occasionalmente, potresti essere esentato dall'applicazione dell'IVA fino a determinate soglie di fatturato da verificare con un esperto.

- Spese deducibili: Potrai dedurre le spese sostenute per l'attività di vendita su Vinted, come le spese di imballaggio, spedizione, pubblicità e altri costi correlati.

- Conservazione dei documenti: È importante mantenere la documentazione relativa alle vendite e agli acquisti effettuati su Vinted per fini fiscali e contabili.

In Italia, l'obbligo di aprire una Partita IVA non è determinato da una cifra guadagnata specifica, ma da una serie di fattori e condizioni legate all'attività economica che svolgi. L'apertura di una Partita IVA è necessaria quando inizi a svolgere un'attività commerciale o professionale in modo continuativo e con l'intento di ottenere un profitto.

In alcuni casi, potrebbe esserci un limite di reddito annuale al di sopra del quale diventa obbligatorio aprire una Partita IVA. Questi limiti possono variare e dipendono dalla tua situazione personale e dal tipo di attività.

Se desideri emettere fatture per i tuoi prodotti venduti e dedurre le spese aziendali, potrebbe essere necessaria l'apertura di una Partita IVA.

Ricorda che le regole fiscali possono essere complesse e possono variare in base alla tua situazione personale e alla tua attività di vendita su Vinted. Pertanto, è sempre consigliabile ottenere consulenza fiscale professionale per assicurarti di essere in regola con le leggi e di gestire correttamente gli aspetti fiscali della tua attività di vendita su Vinted in   Italia.

Avviso Importante: Non è un Consiglio Finanziario

Questo testo ha unicamente scopi informativi e educativi e non dovrebbe essere interpretato come un consiglio finanziario, una sollecitazione all'investimento o una raccomandazione per effettuare transazioni finanziarie.
Le informazioni fornite sono basate su fonti ritenute affidabili, ma non garantiamo l'accuratezza, l'esattezza o la completezza delle stesse.
Ogni decisione di investimento è soggetta a rischi e dovresti cercare consulenza da un consulente finanziario professionista prima di prendere qualsiasi decisione finanziaria.
Ricorda che i mercati finanziari sono soggetti a fluttuazioni e rendimenti passati non garantiscono rendimenti futuri. Non ci assumiamo alcuna responsabilità per eventuali perdite o danni derivanti dall'uso delle informazioni contenute in questo testo.
È importante ricordare che gli investimenti comportano rischi finanziari e non garantiscono sempre un profitto. Prima di prendere decisioni di investimento, è fondamentale condurre una ricerca accurata e valutare attentamente le opportunità.
Considera la tua situazione finanziaria, i tuoi obiettivi e il tuo livello di tolleranza al rischio.
Investi solo ciò che puoi permetterti di perdere senza compromettere la tua situazione finanziaria.

INFORMAZIONI SULL'AUTORE

Alessandro Mondelli nasce a Milano nel 1993. Dopo un'adolescenza trascorsa tra Napoli e Roma si laurea in Infermieristica e successivamente consegue la Laurea Magistrale in Psicologia.

Appassionato da sempre di tecnologia ed innovazioni, nel 2016 si addentra con successo nel complesso mondo delle Criptovalute e della Blockchain.

Mai stanco di apprendere, in campi sempre più disparati, si forma nella migliore Academy italiana come Property Manager esplorando e vivendo con profitto e saggezza il business immobiliare.

Il suo essere eclettico, trasversale, geniale, curioso ed affamato di conoscenza, porta Alessandro a vivere appieno tutti i suoi interessi.

Complice il suo carisma, sempre più amici, conoscenti e non, affascinati dalla sua energia, interrogano Alessandro in merito alle sue passioni.

Da ciò nacque l'esigenza di voler diffondere il suo *mindset* e le sue nozioni, divenendo così autore di libri di successo e dimostrandosi un autentico *selfmade-man* dei suoi tempi.